JN437834

나는 내 삶을 사랑하는가

문학의전당 · 시인선 84
나는 내 삶을 사랑하는가

초판인쇄 2009년 10월 10일
초판발행 2009년 10월 15일

지 은 이 백인덕
펴 낸 이 김충규
펴 낸 곳 문학의전당
출판등록 제387-2003-00048호(2003년 9월 8일)

주　　소 121-718 서울특별시 마포구 공덕2동 404번지 풍림VIP빌딩 202호
전화번호 02-852-1977
팩시밀리 02-852-1978
블 로 그 http://blog.naver.com/mhjd2003
전자우편 mhjd2003@naver.com

I S B N 978-89-93481-41-9 0381

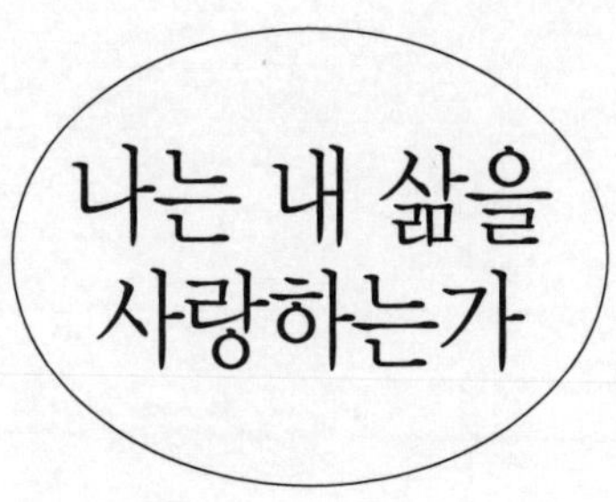

백인덕 시집

문학의전당

自序

네 번째 시집을 묶는다. 어쩌려고? 모른다. 모든 것은 과정일 뿐이라고 가르친 스승이 있었을 뿐이다. 내 묘혈墓穴은 그 누군가 열심히 파고 있으므로, 걱정이 없다. 나는 일반적 성격이라고 믿었는데, 거칠고 윽박지르고 못생긴 데다 돈까지 없으니, 한마디로 폐인 저리 가라라고 한다. 인정한다. 게다가 남 말하길 좋아한다는데, 평생 '남'의 말만 지껄여 온 것을 어쩌랴, 또 남의 말 한마디, "비밀의 힘은 언제든지 언급될 수 있지만 그것은 결코 규명될 수 없다. 비밀이 밝혀진다면 그것은 매혹을 상실할 것이다. 진짜 비밀을 말하는 사람의 능력은 텅 빈 비밀을 소유하는 데 있다.(에코)". 호수의 동심動心은 아름답게 퍼져나가지만 끝내 소멸될 운명일 뿐이다. 시도 그러한가, 나 역시?

차례

1부

2부

3부

4부

1부

나는 내 삶을 사랑하는가?

쉴 새 없이 차량들이 들어가고 나오는
학교 앞 포장마차, 식어 가는 떡볶이와 어묵을
들어가고 나오는 차량처럼 번갈아 씹으며
자정을 향한 늦은 밤, 이십여 년 전의
그때처럼 난 혼자 되뇌었다.
나는 내 삶을 사랑하는가?
몇 몇 연구실의 불빛들은 아직 살아있지만
더 환하게 불 밝힌 건 대학병원 영안실,
가지에서 막 떨어지려는 꽃잎들이
내 흉한 어깨를 비스듬히 내려 보고 있다.
병원을 다녀야만 했을 시간을, 나는
풀리지 않는 숙취와 함께 학교를 다녔다.
그러므로 잘못 다녔다는 것이다. 거기
휠덜린도 있었고, 라깡과 아아, 헤겔도 있었지만
정작 내 손으로 꾸민 작은 정원은 없었다.
나는 내 삶을 사랑하는가?
이미 다 식어버린 어묵 꼬치를 간장에 찍으며
내게 정원이 있었다면 어떤 나무와 풀,
가벼운 돌 몇 개가 어떻게 놓였을지
꿈을 꾼다. 자정이 다 된 늦은 밤,

백일몽처럼 길을 찾는다. 자꾸 발길을 느리게
하는 잔바람, 나는 내 삶을 사랑하는가?
이 한마디로 이제는 시를 버려야겠다.

산책 또는 배회의 저녁

너무 추워서,
노란 외투 하나 걸치고 나섰네.
허기져도 춥고
배불러도 또 추웠던 길,
성동교로 향한 지저분한 구식 길,
–삶에서 구식이란 얼마나 편안한가!
옛날 생각에 너무 추워서
뜨거운 이름 몇 가슴에 걸고 걸었네.
너는 두 발짝, 그대는 세 발짝,
당신은, 다른 당신은…
모두 앞세우고 천천히 걸었는데,
그 더러운 하천 가 하얀 안개에 목이 메어
너는 문학개론, 그대는 철학,
당신은 물리학, 아아 우리가 빚은 우주,
–삶의 근원에서 저절로 폭발하는 슬픔.
짓이겨진 내 얼굴 위에 떠 흐르는 노란
구름, 노란 사랑의 – 아, 노란, 기미.
빈혈 앓는 봄 저녁 너무 추워서
노란 외투 하나 걸치고 길 나섰네.
홀로 간다 믿을 때마다 너무, 너무 많이

동행하게 되는 당신들, 결 고운 슬픔.

–산책이란 그 얼마나 슬픈 배회인가?

양생養生의 깨달음

막힌 뒤처럼 글발이 막히고,
타는 목구멍처럼 전화기만 불붙는 월말.
빈가 싶더니 안개 어른대는 산비탈,
고루 타는 속에 연이어 들이부었다.
영양에 목 넘김까지 고려해 삼다수, 생우유, 요구르트,
커피, 다시 일회용 꿀물, 오렌지 주스, 목장우유, 한껏
부풀어 오른 포만감에 글이고 나발이고 안개 속
한 '장자'를 상상하며 눕다가
고무패킹이 터진 수도꼭지처럼 콸콸 다 게웠다.
– 이처럼 맑은 몸과 정신의 한때 아득하여,
아득, 아찔하여 가 닿는 생각.
아, 내 몸이 공장이었구나,
향긋한 이유식이 온 방바닥에 흘러넘친다.
젖과 꿀이 흐르는 땅이 바로 '여기–지금'이구나.
글썽한 눈으로 달력을 보니 오늘이 지워져 있다.
– 영원은 영원히, 영혼은 영원에 닿지 못하는 미숙한 혼.
아, 이 몸 공장 폐업되어 폐품 처리 반에게
두개골 속까지 깨끗이 뜯기기 전에 무엇 하나라도,
급한 마음에 미끈대는 방바닥을 더듬으니, 어쩐다!
개미 몇 분과 집게벌레 한 분 사망하시었다.

님들의 비명횡사에 개운해진 속을 다시 불편하게 부풀리며
-옴마니팟메훙,
다음 생에선 우연히 나를 죽이소서!
더운 안개가 살 틈을 헤집는 이른 폭염의 어느 날.
글발에 감긴 생을 복 바친 목으로 풀다.

시대착오적 백인덕

반 대머리 머리를 떼 내고 두부 한 모를 얹었다.
어떤 이의 망치는 강한 반발을 사랑하지만
그들이 부술 대가리는 지천에 널렸으므로
겨우 총채질이나 하는 시인들에게
쉽게 갈라지고 흠집 나는 이 머리를 바친다.

울렁대는 가슴을 헐어내고 고탄력 고무판을 끼웠다.
어떤 이의 혀는 쉴 새 없이 독침을 쏘아대지만
가장 순한 말에도 시들어버리는 가슴이야 새가슴이므로
겨우 가래침이나 뱉는 시인들에게
잘 튀지도 찌그러지지도 않는 이 가슴을 바친다.

온종일 비틀대는 두 다리를 잘라내고 연탄집게를 박았다.
어떤 이는 폭을, 어떤 이는 보행의 속도를 말하지만
그들과 춤출 다리는 세상 저녁마다 가득하므로
대낮부터 괜한 발길질에 몰두하는 시인들에게
아무리 조여도 헐겁고 삐걱대는 이 다리를 바친다.

시대에게, 아니 시대착오적인 시인들에게 아니, 아니
시대착오적인 시를 쓰는 시인들에게

나를 바친다.
–누가 받아줄려나?

유비쿼터스적 프로토콜*

그날,
교황님이 선종하시고,
얄미운 전×호네 윗동네가 홀랑 타고,
쌍둥이가 사자한테 먹히고,
유가가 사상 최고치(57.42달러)를 갱신하고,
히로뽕 먹은 일본 열도가 동쪽으로 몸을 꼬고,
열혈 동포는 손가락 하나(10분의 1)를 자르고,
미친 제자는 수업 빠진다고 전화해대고,
하여간, 세상 별별일 내내
죽도록 잠만 잤다.
등이 끊어지고, 어깨가 기울도록 한 자세만 고집하며
나는 자고 또 잤다.
한밤에 슬그머니 깨니 할 일 없어
스카치테이프로 방바닥 개미나 좇았는데
한 이백 마리 잡으니 방바닥이 훤해졌다.
고마운 개미보살님들!
당신들 죽이려 나 낮게, 낮게 기었으니, 부디
저승에서라도 복수를 꿈꾸지 마시길,
웬만하면 시인 따위로 환생하지 마시길 – 발원.

*헛소리, 용어의 원래 뜻과는 아무 관련이 없음.

지금 후

어제저녁 너와 다투고
지난밤은 암흑의 영원이었다.
차고 무거운 얼음의 평화,
짓눌려 영영 깨어날 수 없을 것 같았다.

6천 5백만 년 후 대 절멸,
2억 년 후 뉴욕사막에 스웜블 출현,
40억 년 후 태양 팽창,
75억 년 후 은하계와 안드로메다 성운 충돌,
소용돌이치는 두 개의 블랙홀,
−신의 눈동자일까?
구골* 후 블랙홀 완전 소멸,
소멸, 차고 무거운 얼음의 평화.

이미 차는 식었지만 다시,
가슴이 뛴다.
약속시간이다. 막,
새로운 시간의 유리문이 열렸다.

*구골 : 천문학적 시간으로 10의 100제곱

어느 날의 유서

간절한 기다림 끝에는 '끝' 이 온다.

도통 술 먹자는 소식 없고,
원고청탁은커녕 빚 독촉도 없고,
개학이 낼모렌데 시간표 전화 없고,
'침묵의 세계' 가 감쪽같이 사라진 후,
그리운 것들 죄다 죽어버렸는지,
자못 어두워지는 창가에서 유서나 쓴다.

이차부터 안주는 꼭 '황도' 만 시키던 놈,
속마음만 부드럽던 보드리야르의 후신,
–놈에게는 '섹스의 황도' 를.
방학 알바로 '가스' 를 배달한다던 놈,
굵직한 음성 끝에 밀리던 몽롱함,
–놈에게는 '가스통 바슐라르' 를.
어디서 터졌는지 볼 때마다 눈두덩만 퍼랬던,
나이를 잊은 채 '마티니' 만 찾던 년,
–년에게는 '활과 리라' 를.
무슨 이야기든 바짝 '귀' 를 들이밀던 놈,
나풀대는 웃음에 얼비치던 귀거래의 꿈,

-놈에게는 '중심의 힘' 을.
장자에게는 장자를,
먹보에게는 묵자를,
기타 등등,
기타 등등,

혜설픈 미소 끝에 갑자기 밝아지는 창가,
이름이 존재다,
'종말은 시작 속에 있다' 는데
그러므로 이것은 종말이 아니라
시작의 시작이고, 시작의 종말인가?
내가 미쳤나보다.
종말의 시작이 활짝 열렸다.

뉴-코스모폴리타니즘

재벌 총수도 막노동꾼도
대학교수나 미아리 점쟁이도
교통순경이나 국정원 특별요원도
도매상이나 소매상도
심지어,
연변조선족이나 블랑카도
다 물리학 법칙 아래 산다.

사랑이 끝났을 때,
꺼져!
폭발해 버려가 아니라
꺼져! 모두는
같은 우주를 껴안고 산다.
차갑게 식어가는 시간을 산다.

밖으로 열렸던 문은 안으로 끌어 닫아야 한다

단 한 방울의 물, 아니
그 물 안에 갇힌 공기, 아니
그 공기의 질량만큼의 독毒
나는 사랑하며 중독되었다.

새싹의 실눈 뜬 죽음, 사소하게 서로의 뺨
어루만지며 애써 물들였던 사소한 독毒
그러나 눈빛이거나 잔기침, 비단명주처럼 떠는
가는 손목일지라도 보았는가, 보았는가?
황금의 도끼로도 찍어내지 못했던 그대를
풀리는 약기운처럼 저 낮은 구릉에 흩어놓는
몇 방울의 물기들 아니, 몇 차례의 잔바람들,
아니, 정수리로 몰리는 피톨들.

사랑하며 중독되었을 때,
닫힌 문이란 얼마나 아름다운 길이었던가?

아니, 그럴 수도

공강, 무임금의
오후, 저녁으로 기운 시간.
나무, 빛깔 시멘트 의자에 누워
담배, 한 모금의 독을 길게 투입하며
시집, 낙서 따위를 뒤적이는
내 중년의 가을은 얼마나
한심, 한가로운가.
놀이가 노동보다 어렵다는 걸 자꾸
걸음을 늦추게 하는 두 무릎으로 배운다.
배운다, 앞서 배운 것들을 잊기 위해
먹는다, 먼저 먹은 것들을 밀어내기 위해
사랑한다, 사랑받지 못한 삶을 흔적으로 지우기 위해
소멸한다, 그 모두와 평등해지기 위해
아니, 그럴 수도
찬양, 경멸조차 희구할 수 없는 생활이
생각, 치기보다 어렵다는 걸 한없이
겉과 속이 뒤집히는 불판, 가슴으로 배운다.
공강, 무임금의
오후, 저녁으로 이미 기운 시간.
나무, 빛깔 시멘트 의자를 떨고 일어서며

다 잊는다, 각인한다.
한가롭게 살아간다는 하루, 하루를
아니, 그럴 수도.

고드름
-C에게

춥다, 여긴
고비사막, 어둔 모래 틈 아래 고개 숙였을지라도
거기 그날의 달을 빠뜨린 연못이 있고, 반쯤
허물어진 못가 서성이며 떨기만 할 뿐, 선뜻
발 적시지 못한 늦은 저녁,
쇠못 박힌 마흔의 내가 있다. 네 숨결은
달빛처럼 어둔 연못을 사뿐사뿐 건너오지만
여긴 인간의 그만그만한 언덕.
번지수를 몰라도 쉬 오를 수 있는 생활의 변방,
가쁜 숨으로 살을 내리며,
그대여, 나는 너의 저녁을 보고
그대는 저 지친 노을 속 내 눈을 읽으리라.
캄캄하다는 건,
앞길이 두렵다는 건,
시간은 너무 길고 험하다는 건, 이 위태로운 저녁에,
아직은 우리가 걸어갈 두 다리가 있고,
흔들리는 그림자일지라도
부둥켜안았던 나날들을 추억할 수 있다는 것.
그러므로 그대여! 나는 잠시
늙은 소나무 사이 쉬 잠들던 소년이 된다.

잠들며 불태웠던 심장이 다시 불붙고, 그대는
적막한 고비사막 모래 틈을 지나
기어이 그날의 연못에 다다른다는 것이다.
거기,
함부로 내던졌던 달을 건져 올리자
백일홍 붉게 피는 저녁, 어쩔 수 없는 미소,
인간의 언덕에 함께 쓸쓸히 서자.

인생은 짧고/일회용품은 길다

공익광고협의회 지음
각색 : 백인덕

자간字間마다 도끼날을 숨긴,
바닥에 면도날을 세운 채 내미는 손,
양 볼 보조개 생매장 구멍으로 미소 짓는,
오오, 사랑스럽게 미래까지 협박하는
내 자랑스러운 대한미국의 잔인한 배려,
혹은 뉴욕자본의 길음동식 포즈여!

주님께 경배가 다한 이 새벽,
나는 고쳐 쓰련다.
아무렴, 인생은 길고, 술자리는 짧다.
술자리는 길고, 상념은 짧다.
상념은 길고, 존재는 짧다.
존재는 길고, 염려는 짧다.
–예술은 어디 가로등 아래 울고 있나?
술이 약한 예술은 외설이다. 예술의 바깥,
능구렁이 혓바닥만 옛집에 남긴 어설픈 이주,
예술은 없고, 인생만 무진장인 세상.

밤낮 없는 협박이 나를 살게 하니
새벽에는 익스트림 데블로부터 은하를 구출하는 데몬,
아침에는 엘리베이터에 끼어 죽고, 하수구에 빠져 죽은
슬픈 영혼을 위한 제사장이었다가,
점심때는 급식법 개정을 외치는 투사였다가,
오후에는 백일몽 수호 전국연합회 회장,
해가 지면 겨우 글빛, 말빛, 돈빛, 빚더미에 올라앉는
어두운 밤. 모든 염려가 나다.

사랑은 지속하기 위해 발생하지 않고,
직장은 죽도록 다녀야 하는 곳이 아니고,
수명보다는 행복이라며
쓸쓸히 리모컨을 누른다.
"인생은 짧고/일회용품은 길다"
이 모든 가르침을 액면 그대로 믿고 싶다.

누군가 나에게 물었다*

최고재판소 뒷길,
플라타너스 언덕 끝 오래된
지하 '사막' 에 가면
삭막한 일상의 깃을 풀어헤친 채
앳된 얼굴 몇 소주에 적셔져 있다.
이 한심한 반가움이여!
순천만 갈대숲에서 빙글 발레를 추다가
도봉산 밑 썩은 노래방으로 순간이동한다.
슬픔도 여럿이 하면 주접이 되고,
시행도 얽히면 주(?)기도문이 되고,
누구 시집에서는 쌀이 쏟아진다고,
한껏 부풀어 오르는데
탁, 못생긴
미친 뮤즈가 뒤통수를 갈긴다.
– 너도 시인이야!
분노의 모래톱을 애써 다독이며
나는 모른다.
아무도 호명하지 않았으므로,
나 단 한순간도 순응하지 않았으므로,
나는 시인을 모른다.

미친 뮤즈야! 술이 아깝다.

*김종삼 시인의 시 제목

마음/커피를 끓이다

불안한 이 오후가 행복한데
행복한 오후에는 집과 담과 길, 아니
먼 곳에서 시작하는 검은 하늘과 마른 구름과 가문 바람이다
행복한 표정으로 소실되는데 마음은 자꾸 헌 칼집에서 들썩인다.
순하던 냉수 한 컵이 연신 주전자 뚜껑을 밀쳐 올리듯
앉지도 서지도 못하는 마음이 외려 벼려지고
헌 칼집만 자꾸 낡아 해진다. 스푼을 뽑아도 검게 소용돌이치는
찻잔 속 우주/커피의 음모와 설탕의 욕망과
프림의 회한이 한데 섞이며 빚어내는 이토록
달콤 씁쓸한, 불안한 오후의 암중모색.
–불안한 이 오후가 행복한데, 언제나
찻잔보다 먼저 커피가 식어가는 이 불안한 오후의 행복 속에서
마음은 자꾸 헌 칼집에서 들썩인다. 제 날만 상한다.
몸보다 먼저 차거워지는 건 마음이라고, 당신의
마음, 검은 찻잔 속 낮게 매복한, 당신을 찾아 헌 칼집 속
푸르게 벼려지는 옛 마음으로

이 불안한 행복 속에서는 또 누굴 죽여야 하나?

그해 여름의 초입

이제 내 차례다.
산꼭대기 아파트 단지 위 찢어지는 번개,
천둥을 거둬 은사기 찻잔에 가두자.
아직도 창문을 두드리는 빗방울들, 내
여린 들판 위 빗줄기들의 딸과 손녀들,
모조리 거둬 투명 유리잔에 가두고, 그 밖에서
내 한 번 너희를 때려보마, 흘겨보마!
아플까?
가슴이 모래 늪처럼 허물어져 깊은 술과
따뜻한 시 사이 영원처럼 발버둥 치더냐?
정녕, 영원한 것이 필멸의 뺨을 후려치더냐?
가슴 구석마다 제 이름을 내건 서가의 책들이 운다.
슬픔은 다만 떠도는 먼지 속에 있지 않고
더러운 손때 묻은 날들을 향해
제 마지막 목을 놓는다. 이제 내 차례다.
늘 등 뒤에 내리치던 번개와 언제나
가슴 한구석 젖어들던 빗물을 가지런히 뉘여야겠다.
여긴 따뜻한가?
무수한 물음만이 온몸, 온 틈새를 가르는 그 여름의
한 밤. 아플까?

2부

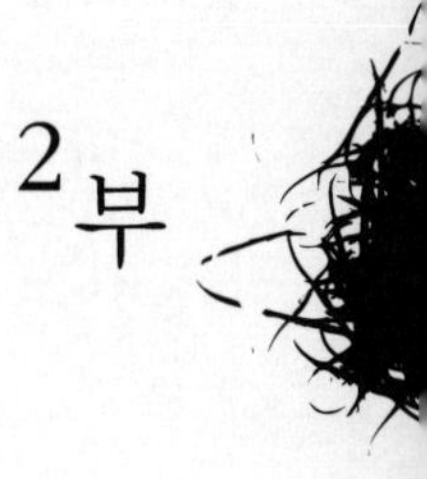

나 울다

산비탈 비스듬히 골목을 오르다
삐져나온 바위 그루터기에 앉아
울었다.
"시는 무엇이며, 인생은…"
바람이 담뱃불조차 꺼버린 어둠,
진득하게 고인 시간 속에서
누구는 나한테 '바다'를 보라하지만
– 거긴 죽음을 먹어치운 해파리만 가득하고
누구는 나한테 '꽃'을 보라하지만
– 색색의 표면 아래 들끓는 생식의 욕망 가득하고
누구는 나한테 '바다와 꽃과 시'를 보라하지만
허기진 날 바람은 더욱 매섭고
아무래도 삶은 '라깡'이 아니라 '새우깡'인데
어둠이 깊어질수록 더 크게 웃는 당신,
당신들이여!
오 층 창가에 아주 잠깐 반짝이는 '반딧불이'는
내 서러운 어둠을 위해, 이 밤도
울고 있음을…
돌 벽에 수없이 머리 찧어도 번개가 일지 않는
흐리고 흐린 밤, 비스듬한 골목을 오르다

마지막 담뱃불을 꺼뜨리고
나 실실 울다.

시집을 품은 암살자

혁명을 하고 싶다.
아니, 그 물결에 흠씬 얻어맞고 싶다.
심리적 앙상레짐을 산산이 깨부수고
숭고한 평등과 박애의…
–또 베었다.
숙취에 휩싸여 일회용 면도기를 무성한
의지의 역방향으로 밀어대는 새벽,
촌티 나는 혁명을 하고 싶다.
내 생의 바스티유를 습격하고
콩코드르 광장에서 미친 듯 환호한 뒤
몽마르뜨* 언덕에서 질펀하게, 압생트에 취해
무연고 사체로 겨울 한때만 출몰한다는 거룩한
동사자凍死者 명단에 오르고 싶다.
거룩함이란 지나치게 사소한 믿음 탓에
밝은 그늘 아래 순간 피고 져야 하는
미정형未定型의 형상形象.
가여운 거룩함이여!
그나저나 이렇게 날이 안 섰거나 빡빡했다면
당통, 피에르는 얼마나 따가웠을까?
–찌릿, 또 베었다.

간절히 혁명을 바라는 새벽마다
구겨진 전단지처럼 잔주름만 느는
헤헤, 요즘의 나.

*몽마르뜨 : 파리의 사창가, 절대 예술가의 거리가 아님.

새벽 꿈

아마, 나는
약간 불안하고 슬픈 표정으로 술렁이는
저 깊은 숲 속으로 질질 끌려가리라.
폐목들이 어린 나무의 허리를 받치며
힐끗, 선하면서 경멸스러운 눈빛으로 흘끗대는
어둡고 좁다란 길을 고개 숙이고 가리라.
한평생 나는 나무꾼이 아니었고,
번듯한 가구장이도, 불법 벌채업자도 아니었지만
나는 깊은 숲 속 나무나라로 붙잡혀 가
평생의 경솔한 죄를 받으리라.
저승에선 이승에서 함부로 버린 물 죄다
단숨에 마셔야 한다던 그 말씀 그대로,*
온 살가죽 다 벗겨져,
자꾸 글씨가 번지고
그림은 삐뚤어지기만 하는
질 나쁜 한 장 종이가 되어야 하리라.
펄펄 끓는 물에서 허튼 관계의 맥을 풀고
몸속 쉼표와 마침표 모두 지워낸 후
순전하게 단단히 얽혀야 하리라.
나와 내 것이라 믿었던 언어와

그 수레에 함부로 실었던 엉망인 노래까지
아마, 나는
나무들에게 맞아 죽으리라.
죽어 아무것도 기록할 수 없는 폐지가 되리라.
새벽 선잠의 행복한 꿈속에도 아아,
백지가 없다, 빈칸이 보이지 않는다.
너무 촘촘하게 더럽혀진 나.

*고운기 시인의 시에서 차용함.

중년, 편두통을 위하여

나이 들어
소심한 삶의 희망이라는 게
제발 편두통이나 앓아 봤으면,
펜잘, 게보린 뭐 그런 알약 꾸러미를
헌 가방 깊숙이 넣어 다니다가
왁자지껄 술자리 맨 구석자리
냉수 한 컵 정한수처럼 모셔 뜸들이다가
무슨 죄악이나 특권처럼 그 알약 털어 넣고
오래 오래도록 약맛이나 봤으면,
혹 눈치 빠른 일행이 있어
'어디 아프세요?' 빈 술잔을 들고 머뭇댈 때
'요즘 골머리가 좀 아파서…'
말꼬리 흘리며 헌 가방을 움켜쥐면
'그 인간, 나이 들어 제대로
죽으려고 이제 공부 좀 하나보네!'
싱겁고 얄팍한 오해라도 받아 봤으면,
나이 들어
철지난 삶의 회한이라는 게
손톱 반만 한 위안을 위해
제 몸조차 던지지 못했다는 것.

비운 밥 그릇,
빠진 머리칼로 겨우, 겨우
제 생의 수채 구멍이나 막았다는 것.
그로 인해 세계를 슬슬 더디 가게 했고,
지구 자전축을 조금 기울였다는 것.
노심초사가 너무 많았다는 것.

최근의 빈혈

밤 깊은 새벽 두 시
아니, 새 여명에 부산한,
계단 몇을 내려가다
아니, 큰 길로 올라가다,
속을 파 먹힌 수박 반쪽을
아니, 껍질만 온전한 수박을
왼발의 실수로 밟고
아니, 오른발이 잘못 놓여
미끄러졌다
쭈–욱, 아니, 등짝으로 걸었다.
달빛 아래 해가 뜨고
장례 뒤에 연회가 베풀어지고
차가 지나야 신호가 바뀌더라.
개천이 모여 대하大河가 되고
티끌이 모여 태산泰山이 된다던
허–헛,
말씀들, 길 어귀마다 서슬 푸르게 내걸렸지만
아이만 한 스승 따로 없다고, 거리마다
유모차 행렬, 노란 은행잎들이
앞 물결, 뒷 물결 치고 빠지며 아름다운데,

그래 다른 별에서 떨어진 우리들이여!
조심, 또 조심,
지금 신종 모국어의
유행성 빈혈이 대학가를 휩쓴단다.
-곧 살 처분殺處分되리라.

세밑, 어설픈 일기

슬슬 허기가 일면
창밖은 한창 눈이거나 비,
읽던 책은 겨우 서문이거나
뒤표지 정도,
끝물의 취기,
시작되는 한기,
오늘이 며칠일까?
흐린 눈 비비고 바라보면
어김없이 월말이거나 월초, 이미
약속은 넘겼거나 무의미해졌기 일쑤.
슬슬 허기가 생 상처를 건드리면
아득한 정신에 밀리는 마른 살점들,
때때로 서로를 보듬고 흩어져 날려
빈 방에 헛것,
취한 정신의 빈 몸,
빈 방 빈 몸에 딱지 앉은 상처,
점지點指를 확인한다.
참 가려운 것들,
더욱 가벼운 것들,
끝끝내 가여운 것들만

한 무더기 가라앉힌다.
어쩌면 시도 때도 없는 이 허기를
여백餘白의 시보다
시간보다
더 사랑해야 할지 모를 일이다.
-끝내 허기로 밀고 가는 끝물의 생.

세밑, 어설픈 일기 2

뜻도,
욕심도,
살림마저도,
아니, 남루한 몸뚱이 하나 반듯이
일으켜 세우지 못하고
산비탈 포근한 세밑 약 기운에 취해
다시, 배 깔고 엎드린다.
엎드려 헌 일기의 끝을 지우고
쓰고, 고치고, 해석하고,
지우고, 또
지우고 심난甚難의 암호를 그린다.
암흑 한가운데 우주 최대의 불꽃이 피어난들
난 감동하지 않으리라. 차고 단단한 얼음이
곧장 세계를 향해 돌진하더라도 난
두려워하지 않으리라. 그
어떤 연금술이 사람을 걸어 다니는
황금으로 변하게 한들 난, 진실로 나는
부러워하지 않으리라.
아무것도 일으켜 세우지 못한 시간,
내 처량한 골목과 담벼락과 처마 끝에

하롱하롱 눈물, 순결한 아기 우주를 달았으니
이 포근한 세밑, 겨우
취한 사내들 발걸음이나 위협하는 산비탈에
엎드려 잠들리라, 잠들리라.
아기 우주의 순결한, 게으른 종이 되기 위해

변경邊境

해는 바뀌고,
주말마다 흐린 정월, 어쩌면
새로 한 시에서 두 시 사이, 어쩌면
약간의 취기와 서툰 냉철함 사이, 어쩌면
막 끝난 뉴스와 방금 시작된 사건 사이, 어쩌면
닫히는 꿈을 따라 스르륵 제 몸을 푸는 현기증,
어질대는 한가운데서,
변방의 한가운데의, 참 가려운
껍질의 신경들을 가르며, 이를테면
몹시 추운 새로 한 시에서 두 시 사이, 어쩌면
두 시에서 한 시가 예감되는, 어쩌면
냉철함의 깃을 돌돌 말려오는 취기 사이에서,
어쩌면 나이고 나인 그대와,
어쩌면 그대이고 그대인 나, 엄청나게
걷잡을 수 없는 함께 타인인 세계와 그 밖과
겨울 부엉이가 우는 숲의 끝,
숨 가쁜 끝에서
벌레 먹은 시간이 바람으로 환幻하는 사이,
서늘한 그곳에서,
듬성한 글자, 바로서지 못하는 그림자 몇 개로

쏟아지는 나는, 나는 별을 그리네.
필요한 건 하늘뿐, 어쩌면
하릴없이 별빛을 쏘는 추운 정월의 당신, 먼
한숨뿐,
그 옅은 온기에도
해는 바뀌고,
어쩌면, 어쩌면, 어쩌면…

헤헤, 요즘은

천근만근 마음이 눌린다.
새벽 온탕 안에서
날개 돋는 듯 몸은 떠오르는데,
납작하게 시간이 눌린다.
마흔을 훨씬 넘어
아직도 헛바람에 배는 부풀어 오르는데,
어떻게?
무엇을?
내뱉어진 가래가 혀를 미워하지 않듯
잘린 발톱이 제 수고를 자랑하지 않듯
빠진 머리칼이 더러운 바람을 탓하지 않듯
모든 어두운 구석자리, 슬쩍 펴 묻힌
간절했던 핏자국이 더러운 때가 되었듯
왜?
기어이 어깨를 늘어뜨리고, 간혹
주먹으로 저 스스로 내리치며, 아프게 내리치며
끝내 버림받기 위해 오르는 저 환幻의 언덕.
헤헤,
삼 년만의 대중목욕탕에서 슬금슬금 깨닫는
웬 차고 뜨거운 말씀의 쾌락,

무명실로 목을 죄는 말씀.
－하늘 아래 새로운 것이 어디 있으랴!

오늘

자꾸 취하면서
가령, 공기가 짓누르는 힘,
인연이 죄어오는 슬픔, 분노가
치밀어 올리는 신선함을 느낄
때, 버거울 때,
울대가 없다.
울 데가 없다.
버짐 피는 마른 살 거죽으로
밤새 들이 부어도 사방으로 새는
술기운, 약기운에 기대려도
온전히 나를 세워 줄, 시린 밤
내내 빗금 한 줄 세상 안쪽에 세워 줄
뼈대가 없다. 그러나 모질게
뼈를 갉아 십수 년 시쟁이로 살았다고,
시시하게, 칫, 시시하게
쉬쉬하며 살아있었다고
울 수가 없다.

울대가 없으니,
울 데가 없으니,

울 일이 없으니, 하---
불행인가, 행복한가?
자주 취하게 되면서 뜻 없이
얻은 유일한 보상,
-양(?)의 눈빛, 사악하고 사악한

인연因緣

일요일 아침,
깨자마자 시푸른 소주 한 병을 딴다.
반 뼘쯤 열어둔 창틈으로
햇살이 레이저 빔처럼
쏟아져 들어온다. 좁고 더러운
반지하 쪽방의 환상인데,
하필 그 빛줄기 정확하게
스승의 책을 쏘고 있다.
-시적인 것은 없고 시도 없다.
오오, 스승도 없고 제자도 없다.
찬바람 옥상에서 산발한 검은 안경테
무한히 춥고 쓸쓸해하던 시인이 있고,
휴休, 한숨 끝자락으로 산을 오르던
또 다른 검은 안경테의 시인이 있을 뿐.
빛줄기의 조준점이 낮아지면서
다시 창밖은 삶의 소란으로 조금씩
술렁인다. 빈속이 울렁거린다.
깨자마자 소주 한 병을 다 비운
일요일 아침,
몸을 뉘이니 정신은 깨어날 것인가.

아니, 아니지,
정신을 푸니 몸이 눕는다.
아니, 아니지,
몸을 푸니 저절로 정신이 눕는다.
사지四肢를 쭉 뻗은
정신없는 나.
-시인이여, 검은 안경테의 시인이여!

기억 – 슬픈 시사 · 서

요 며칠,
입도 대지 않은 술 향기를
싸하게 창틈으로 밀어 넣는 새벽
바람, 그 많던 어제의 바람들은 모조리
어디로 갔는가, 아니
언제쯤 다시 출몰할 것인가?
거추장스런 황색 외투를 힘없이 늘이며
나는 이 새벽에 쫓겨난다.
시린 뺨 맞지도
여윈 등 떠밀리지도
굽은 정강이 걷어차이지도
정녕 돌아앉은 당신은, 당신은 하나 없는데
다시 나는 이 새벽에 쫓겨난다.
절벽인 마음만 안고
서러운 신발, 우산, 가방 따위 가솔을 이끌고
어제의 바람이 오늘의 칼날로 촘촘히 일어서는
아득한 구시가의 빈 골목에서 떠밀려
쫓겨난다.
쫓아낸다.

맑은 술과
흐린 시와
어여쁘던 교설과
어지럽던 강의의 구구절절한 날들.

그림자 긴 목에 큰 칼을 쓰고
쫓아낸다.
나는 수인囚人,
더 빨리 추방하고 추방당하지 못한.

바람을 못 박다

사흘 만에 창을 여니 제법 차가운 빗줄기

세 시간 후 다시 여니 격자로 밀려간 하늘

연기 쫓으려 잠시 열어두니

바람 몇 줄기 들어와 논다 참 오랜만에

턱을 넘자마자 바닥에 배를 까는 게으른 놈

곧장 방문으로 돌진해 사정없이 존재를 과시하는

과격한 놈 책장 사이 사유하듯 잔 먼지를 밟는

놈 악착같이 악착같이 뒷골을 때리고 마구

들쑤시는 놈 차고 뜨거운 놈들의 부드러운 침입

시린 등을 들키고야 말 것만 같아 일어서는데

어쩐다, 탁상 거울에 비쳐 표정을 읽던 잔바람

마주서고 말았다 두 어둠이, 살아, 나는 다시

행운의 사건 밖에서 너를 다시 마주설 수 있을까

창을 마주한 벽에 나를 못 박고야 만다

고루한 이마와

부끄러움을 모르는 두 손,

수고를 마다하는 두 다리와

뜨신 선지도 되지 못할 썩은 피의 심장에 덜컹 덜컹

바람의 못을 친다
덜렁 덜렁 두 눈알과

헐렁헐렁한 외투를 걸치고 헤헤, 헤헤 저

바람의 거리를 배회하리라

즉물적으로 마을버스가 닿을 수 있는 꼭 그만큼만

떠돌리라,

선회하고 말리라.

미아리 고개

누가 놓쳤나?
고개 위 한참을 떠오르던
빨간 풍선,
점점 작아지더니 터져버린다.
고막을 찢으며 응급차가 달려가고
불안한 습기 발목에 감긴다.
젠장,
젠장,
길은 또 진탕이다.
앞선 모두가 먹다버린 오물 속에서
환골탈태,
환골탈태,
겨우 숨넘어가는 소리로
뜨신 육개장 한 그릇 사 먹고
누가 놓쳤나?
얼핏 생각에 구멍 숭숭
가슴에 바람 든다.

청량사淸凉舍를 지나며

리역理驛을 빼먹고,
노역勞役을 내다버린 생의 그늘처럼,
제 의지와 상관없이 어깨가 갈린
어둑한 광장. 축축한 세밑,
촛불 대신 불붙은 담배 한 개비 가슴에 모으고
꺼질까 간절하게 보듬고
발소리 죽여 지나간다.
그 많던 사미邪味들은 다 어디로 갔는가?
헌 책장의 『죽음의 한 연구』가 사라졌던 저녁보다
이런 날, 삶은 더 원통하고 더러워라.
빈 영혼이야
어느 집 첨탑, 석등에 기대 울지 못하랴마는
굶주린 몸뚱이는
뜨시고 부드러운 죽 한 사발 없이 어찌 뉘이랴.
서둘러 새 장초에 불을 댕기고
마냥 그 순간,
-첫 춘천행, 검은 날개가 돋을지 모른다는 자기암시에
취하고 취해 쫓겨 되돌아 온 광장, 절름대며 내려섰지만
밤은 깊어 황홀했고 앞날이야 아득했건만, 미친 까마귀가
이마를 받아버린 그 순간, 마냥 그 순간.

반 넘어 허물어진 시계탑 무심한 듯 휘돌아
사라져버린 사미邪味들, 배고픈 영혼을 위해
합장하고, 성호 긋고
끈 풀린 은전 몇 닢을 묵주처럼 세고 또 세어본다.
자, 그러면
아, 그래서,
어, 어떻게……
금강구두 너른 건널목 앞,
얼마나 질긴 구두여야 한 생을 건널까,
여린 생각에 무릎이 콕, 콕 찔리는데,
오체투지로 질기게 살아남으신 성인 한 분,
등짝에 성인나이트, 복음을 내걸고
환한 미소, 거룩하게
형체도 질감도 잃어가는 날 구원하신다니,
끈 풀린 묵주를 그의 성소에 쏟아 붓는다.
기운 하늘이여,
취했나, 저 홀로 붉다.
불탄다.
– 인간의 삶이야, 새벽 첫 서리.
이런 날,

삶은 노엽지도 허탈하지도 않아라.
이런 날,
삶은 긍지도 오욕도 아니어라, 아니어라.

3부

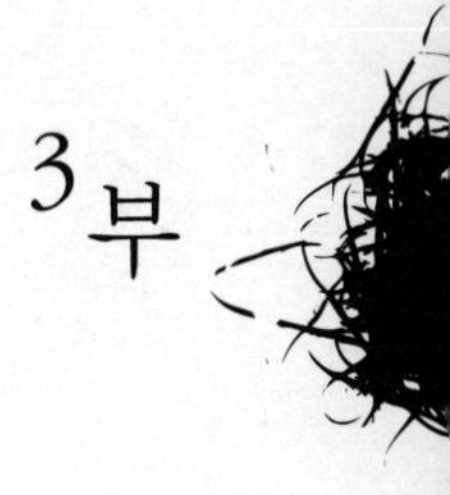

거기도 가을이
−종선에게

찢긴 발바닥을 오므려 겨우 도달한
무릉계곡, 잡풀 사이 서른여덟 낯빛 같은
그늘 아래서 라면을 끓이다
물소리 거슬러 날아오는 흰 나비 서넛,
가깝지도 멀지도 않은 저들끼리의 날갯짓 사이
빈틈, 하얗게 탈색된 시공에서, 탁
번개 치듯 빗금 간 네 얼굴을 보았다.
오늘처럼 비 흩뿌리는 토요일 오후,
흰 고무신으로 암벽에 오른 너는
가슴 구석구석이 단풍으로 물들었음을
피나, 상처나, 술이나, 고립으로
무진장 단풍들었음을 몸으로 시를 썼던가!
편지였던가,
침묵의 욕설이었던가?
쉬이 찢어지더라도 가벼운 날개가 좋다며
열기 식은 정종 잔 위에 눈빛을 실었었는데
그러나 그 잔은 이미 반 넘어 비어 있었는데,
쪽창 밖, 함박눈에 취해
난 보란 듯이 열꽃을 게워냈다.
시와 사랑과 혁명−불타는 세 개의 돌*

아무것에나 맞아 죽으리라, 죽으리라 살아
재빨리 움츠리고 낮게 기는 법만 배웠다.
흰 고무신으로 네가 미끄러졌던 암벽을
가만히 가슴 위에 올려보는 비 오는 토요일 오후,
아물어 실밥 흔적조차 없는 발바닥이 가렵다.
다시 가야 한다면,
정히 가야만 한다면,
이젠 발목을 접어 걸으리라.
거기 너의 가을에 잘 타는 소지燒地처럼
시 몇 편 부치리라.
벗이여……

* 옥타비오 빠스, 『활과 리라』

여주를 다녀와서
–종호에게

나는 노래하고,
견디지 못하지.
햇살이 쏟아지는 서쪽 창,
옥탑에 새 둥지를 틀고
나는 꿈꾸지.
쌀이 쏟아지는 책, 철마다
일만 가마씩 꾸역꾸역 쏟아져
고단한 잠의 당신에게
나귀 엉덩이 닮은 또 당신에게
누구와
비눗방울 눈망울의 또 누구에게
햇살처럼 펴주는 노랠 부르지.
난, 참 어처구니없는
이빨 망가지고 성대가 잠긴
대머리 가수.
오직, 이 마음으로만 노래하지.
위대하구나,
못난 마음이여!
정신의 가여움으로 붉게 물들이며
조금 더 기운 너의 어깨 너머로

다가올 최초의 겨울을 바라보리라.

우린 노래하고,
끝내 견디지 못하지.
여주餘酒를 다녀온 늦여름 날
텅 빈 오후,
다시 목이 마르다.

허사를 위한 허사
–E 선생에게

밤빗소리 들으려
쪽창을 여니
곱다.
내 목숨 가라앉는 숨결보다 순하게
찬찬히 지붕에, 벽에, 창틀에
오오, 꼭짓점 찍듯 이마에 튀는
여린 물질과 형상.
이 미친 즐거운 허밍과 더불어
난 사랑한다.
–헌 운동화의 하이네와
여름내 펴지지 않았던 우산의 니체,
부러 도수를 낮춘 안경의 코울릿지와
텅 빈 감옥 갑갑하고 갑갑했던 블랑쇼.
로맹가리, 술안주로 족했던
지질이들,
패륜아들.
에밀 졸라,
에밀 아자르,
예세닌, 구토 뒤에만 반짝이던 별빛
트라클, 그리고 하염없이 빗나가 버린 겨냥,

파울 첼란.
그보다도 어감이 다른 그 무엇들.
가령 티베트에서 미얀마 다르푸르까지
저 환장하게 고운 물, 숨결이 튀어
내 목숨은 그냥 잔물결로 가라앉길
사랑하며 빌고,
빌면서, 더럽게 봄비 오는 밤.
더럽게 빌면서 사랑스런 빗소리에
서툰 부적符籍 한 장 날린다.
어느 날,
세계의 쓸쓸함이 너의 씁쓸함을 찌르리라.
피 흘려도 서로 알아볼 수 없으리라.
그 어느 날.

쓰린 새벽
– 대식에게

날선 빗금 하나
새벽 표정을 지나 멀리 가네.
아마도 영원히 갈 자세로
첫 날의 차가움 식지 않아 긴
꼬리로 사라지지도 않네.
– 그런 것이다,
너의 마루 문 앞 작은 고추밭,
때 익어 쩌렁쩌렁 매달린
맵고 달고, 뒤돌아서야 씁쓸한 끝 맛,
말씀처럼 한 번 엇나가면
영원의 뒤편에서나 접점을 꿈꾸어야 하리.
– 그런 것이다,
내가 배운 사랑, 너무 붉은
우체통 앞 빙빙 돌다
발밑이 돌고,
빈 하늘이 돌고,
검은 우주가 또 돌아
미친 놈 제 발등에 겨우 가래침이나 뱉듯
날선 네 음성, 그 칼날은
짐짓 불쌍한 내 새벽 표정을 가른다.

사랑은, 다 그런 것이다.
그나저나 올 여름,
그 많은 고추는 누가 따먹나?

소망의 아침

–윤호에게

고통이 우리를 단련시키려 하면
모루 위의 달궈진 강철처럼
목을 늘이고,
헐벗은 그림자를 늘이고
조용히 피 흘리며 서 있으면 된다.
이백 년 전 한 사내*가
고요한 절벽 아래 강가를 지나
아, 그토록 소중한 염원이었던
그녀의 무지개를 잘라버리고
저의 조국과 잃어버린 신을 위해
하염없는 고통의 시간을 걸어갔듯이
피 흘리는 이정표로 먼 길을 향해
우리는 우리의 바람을 몰아가면 그뿐.
세상을 애원하지 않아도 좋다.
역사 따위, 새로 쓰지 않아도 좋다.
고통이 우리를 단련시키려 하면
뙤약볕 아래 잊힌 유리컵처럼
뜨겁게,
더 뜨겁게 제 속을 태우면 된다.
열정의 값으로

우리 가난한 영혼쯤 내어준들 어떠리,
정히,
고통이 우리를 단련시키려 한다면.

*횔덜린

달과 아이스크림
–완호에게

허기가 약이다.
혼자 내려선 저녁 산길,
두렵거나 외롭거나 하다못해
지겨워질 때쯤이면
–사람들은 말하겠지
스산한 바람과 속삭이고
제 꼴을 벗은 나무 그림자와 놀고
길 따라 뻗은 달빛이나 쫓으라고.
아–하, 그건 맘 좋은 사람들
경계를 모르고, 아예 몰라 제 옷이
몸이 되고, 맘이 되는 사람들,
아름다운 시선이 눈이 되고
그 눈이 눈길이나 가는,
아니, 아니 정말 미적인 그분들 말씀.
어려운 말씀,
그런 것들 지우려 삼일 굶고 내려가는
저녁 달빛 아래 산 길.
허기가 약이다.
한 삼십일 굶어,
싫어요, 도통하기 싫어요.

－과부가 된 어부 아내가 추파를 던진다.
첫눈 오는 날 결혼식이나 할까?
헌 집에 문풍지나 새로 바르고……

막막한 이주移住 앞에서
–이덕규 형에게

오후 한가운데
빗금 하나 긋고
목표도 지향도 없이 모로 밟으며
걷다, 그렇지, 잠깐 비틀어진 사이
흰 꽃잎 국화는 풀빵이 되고
담장 끝 바람개비는 통닭이 되는데
허기가 약이다.
먼지 닦고 혀끝을 가만히 대보는
아, 노란 캡슐들.
게으른 기지개 끝에
우주 저편으로 무수히 날려 보냈던
허술한 몸의 전언들.
아프다,
아프다,
제길 아프다, 니까!
어디가, 괜한 발가락이나 꼼지락거리다
다시 빗금을 밟고 모로 걷는다.
비도 오지 않는 오후 한가운데
미친 아들놈이 실안테나를 타고 내려와
제 얼굴만 한 눈을 껌벅인다.

"아버지, 나는 매야 잠자리야?"
슬그머니 여린 날개에 손끝을 대려는데
"백인덕 씨, 택배요!"
오리가 쌀을 보냈다. 그 고마운 오리들
가을이 오기 전에 몽땅 잡아먹어야지.
큭, 크-윽!

기억은 강을 만들지 않는다
–유종에게

어설픈 약속을 하고
한 시간을 걸어
철거가 시작된 동네어귀,
부귀식당에서 백반을 먹는다.
딱 두 토막뿐인 고등어조림엔
젓가락도 대지 않다가
소주 반병에 깔끔하게 뼈를 바르고
아픈 이나 들쑤시며
장초 한 대씩 나눠 물고
곱절은 넓어진 횡단보도를 건너
드디어 이쪽과 저쪽으로 길을 나눌 때,
'살아라' –휑한 바람이여!
한 세월 얼마나 반복했을까?
또 얼마나 반복해야 생은,
삶은 다른 빛깔, 소리, 떨림으로
이 창백한 오후를 온통 물들일 수 있을까?
그러나
몸은 생각을 배신하고,
발길은 의지를 무시한다.
끝내,

소주 한 병에 새우깡 한 봉지 들고
발끝까지 환한 오후 1시,
움막에 들어 앉아
시를 찢는다.
어제 쓴 시를 찢고,
그제 읽은 시를 찢고,
예전에 배운 시를 찢고,
오래, 오래도록 암송했던 시를 찢는다.
– 찢어지는 이 틈, 이 거리, 이 뜨거움 속에서
나는 살아, 죽도록 살아,
살아 죄를 더하리라.
낮술에 취해 그날의 교과서들을 헤집어도
없다. 없는 것을 잃을 수는 없는 법.
기억은 강을 만들지 않는다.
다만, 기억은 오늘의 절벽,
슬픈 명령일 뿐.

카톨릭 정신과를 나와서

–승수 형에게

병원 옆
분식집
키 큰 원추리 화분 그늘가에 앉아
식은 라면을 먹어요.
최승자 시를 읽다
허기를 잊고
약 먹을 시간을 잊고
주인녀 고까운 눈초리를 잊고
상처를 잊고
치유의 나른함을 잊고
사랑했던 기억을 잊고
사랑 받았던 감각을 잊고
헐거운 손을 잊고
아픈 두 눈마저 잊은 채
신김치를 얹어 불어터진 라면을 먹어요.
또, 무얼 잊어야 하나?
시인을 만나면 시인하고 싶어요.
나는 똥파리야!
개새끼,
넌 날개가 없어

똥이야!

아, 이 이천 원짜리 라면도 곧 똥이 되겠지요.

난 세계가 뱉어버린 오물.

난 이 세계를 사랑할 의무가 없다.

폭풍 앞에서
– 일형에게

초석에서 벽을 타고
천천히 그러나 끈질기게 이어 올라간
빗금 몇을 살핀다. 수상한 저녁,
바람기는 비를 머금고, 벌써 꽃잎들은
얼굴을 닫았다. 서둘러
서녘 하늘로 사라지는 새들.
하수구 끝에 겨우 내몰린 병뚜껑이며
담배꽁초나 세어보다가
뜨거운 균열이 아니,
너무 쉽게 달아올랐다 이내 식는 열정이
내 생의 지울 수도, 메울 수도,
덧칠해버릴 수도 없는
차거운 빗금이란 걸
무좀에 불어터진 손끝으로 깨닫는다.
살아 아쉬움이 없다면,
살가운 타인들 완벽하게 타자로 돌려세우며
더는 연민의 그 모든 기호를 거절해야 한다.
빗물에 이리저리 쓸린 저 거울조각은
아무도 비추지 못하는 제 질감을
어찌 견디나,

하염없이 하늘이 원망스러운 저녁,
또 다시 폭풍우는 밀려오고……

따스함을 위하여

－엄 박사에게

비 그치면
국밥 한 그릇 하지요.
터미널 지나 삼거리, 여자 속옷만 파는
가게 건너, ‘이런 씨부럴놈들’, 욕찌거리
밑반찬 깔아 희멀건 국밥 한 그릇,
천상의 체루빔*처럼 뜨겁게 모시지요.
비 그치면
사막을 지나 열대우림으로 밀려온
내 모든 시야의 젖은 것들, 그러나
이 비 그치면
훌쩍, 시공을 건너 국밥 한 그릇 하지요.
여긴 금남로도 없고, 종로도 없고,
무릎팍 깨지며 개처럼 질질 끌려갔던
동대문도 없고, 늙은 추장님 곰방대나 빨며
“악령이여, 너로 인해 내가 웃도다”
나는 세찬 빗물에도 씻기지 못할
천둥, 벼락에도 깨닫지 못할
더러운 암흑의 돌.
서걱서걱 돌가루처럼 밟히다가
이 비 그치면,

대충 헤설피 만나, 뜨신 국밥 한 그릇 하지요.

*아훼가 모세에게 명했다는 '성궤' 위의 부착물 형상.

4부

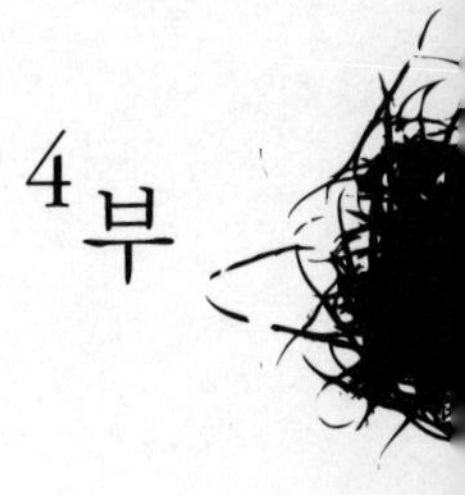

단풍나무 어두운 안개 속에서

기어이
텃밭 빗소리에 흐린 오후는 끝장나고
마지막 담배 한 개비처럼
힘겹고 흐린 숨결을 허공에 흩을 때,
단풍나무 어두운 안개 속에서
뜨거운 태胎를 잘랐던 손이
가만히 두 발목을 움켜쥔다.
황국黃菊 몇 송이는 그새 시들었는가!
황혼녘 작은 그림자로 그 앞에 서면
응답도 호명도 없었던 이십여 년의
목이 간지러워,
겨우 피가래라도 뱉고 싶었지만
곪은 내장 같은 밤은 오히려 뜨거워
활활, 불처럼 살고 싶었다.
타버리고 싶었다.
–꿈이란 그런 것이다.
자기기만, 거울 속 '그'를 이해한다는
완전한 착각일 뿐이다.
얼자란 파들 사이 빗방울은 서서히 고였다가
맹목의 순수함으로 집중한다.

가는 파이프 관을 지나
콘크리트 바닥에 잠시 스몄다가
그들은 곧 하염없는 순한 구름이 되리라.
이 간단한 진리를 적용하기 위해
내 온몸의 피가 결코 응결하지 않기를
몸 안이나 밖에서나
끝내 흐름을 멈추지 말길 수 없이 빌고
다그쳤던 밤들.
다시 보는 어둠 속
서쪽 창밖, 철제 크레인 몇이 사라졌다.
그래도 길은 아직 남았으니
부패하거나
해체되거나
흩어져 날릴 뿐.

나는 몰랐네

선달 동지 지나
눈길에 미끄러지지 않으려, 그 참
약은 생각에 찬물에 불려 빨아 널은
헌 운동화가 옥상에서
–殺詩伏評
황태, 과메기가 되는 동안.
눈 내리고, 바람 불고, 달빛 은은치 않아도
헌 운동화마저 제 합성 살가죽을 내려야 한다는 것,
–아아, 나는 몰랐네.
형이,
당신이,
선생님이,
누구나 내 이마에 꽉, 꽝 찍어주는 막도장이 되기 위하여
설핏 눈 내리고,
부재의 바람 불고,
은전의 달빛 짤랑거려야 했을 줄,
–예전엔 미처 몰랐어요.
황태가 된 헌 운동화
한 켤레가
가자, 가자 차갑게

어깨 쓰다듬어 더욱 얼어붙는 밤.
어리석음은 넘치는 술잔에 있고,
지혜는 술잔의 용량에 달렸다고,
나는 노래하지
－난 몰랐네, 그대 또한 사막 개미였단 걸
이 밤,
바람은 먼 곳으로 가
－詩殺伏評,
만년 빙하에 갇혀 제 결대로 역사가 되는구나.
시간은 너의 폐병, 병든 황금이었구나.

근황
–죽을 것 같은 행복

딱,
오전 열 시에서
오후 한 시 사이,
출출하거나 몽롱해질 때쯤
앞방 뻐꾸기 알람에 맞춰 깨어나면
간단한 것들이 더 어렵다.

여긴 어딘가?
한밤의 강가나
새벽 공원은 아닌데
왜, 내가 여기서 깨어났는지 잠시
상황 속의 나를 놓친다. 그리고 밀려드는
단순함의 물결들.
언제 먹는다,
무얼 먹을까,
누구랑 먹을 수 있지?
가축 같은 날들이 이어지지만 끝없이
생각만 순해진다면 마다하지 않으리라.
커피포트에 라면 물을 끓인다.

채 반 나절도 못돼
나는 책가방 요란하게 부딪치는 산
중턱 생지옥에 버려지리라.
라일락 잎 쓴 맛보다도 더 쓰게 제 자신
씹어 먹으라는 교활한 말씀들에
노출되리라. 정갈한
저격수들의 조준경 안에서 두 무릎을 모으리라.
허기진 산양으로 제
발굽이나 거친 돌에다 갉으며, 갉으며
걸어 갈 수만 있다면……
딱,
종생終生의 알람이 울리기
진까지 오전 열 시에서 오후 한 시까지만,
딱.
마다하지 않으리라.

비밀

검은 비닐봉지에 담긴 밀가루,
제법 부피와 질량을 갖춘, 이를테면 물리적 실체인
비밀, 그러니까 한 끼 식재료로 실체를 못 박힌 구체적인
비밀, 길음시장 입구 중년 아낙의 손아귀에서 건들거리는, 아니
삼양동 긴 골목 사뿐 뛰어오르는 계집아이 꽁무니에서 덜렁거리는
예쁘고 벅찬 비밀도 있지만
비닐에 담긴 밀가루,
생의 전제인지 목적인지 또렷이 갈라 세울 수 없는 백색 공포
– 내 어설픈 청춘시절, 무시로 백주에 자행되던 백색 테러,
헌 옷 가득 무거운 말씀들을 뒤집어 쓴 채
나는 울었던가, 웃었던가, 마지막 세대답게 비감한 표정이었던가?
대가리 다 커져버려 비밀 한 줌에 자주 중심을 잃는 요즘,
몸에서 마지막으로 시드는 건 눈, 눈빛이라고
가문 겨울 스칠 때마다 위협적으로 방전되는 정전기를 피해가며
나는 저 먼 대륙 아이들 간절히 비밀을 원하는 외침을

무시한다. 비밀,
두 돌짜리 조카 년 산生, 산算 교육을 위해
골목 어귀 슈퍼에서 구입한 비밀 한 덩이. 그러나
이사 온 지 일 년 찬장에서 고스란히 바퀴벌레 놀이터가 되어 제
실체를 부패로 변전變轉한 채 단단한 적으로 뭉쳐 있다.
캄캄한 겨울 대낮
훤히 발각되어도 성큼 나서지 않는 비밀 덩어리들,
덩치만 큰 비밀의 늪에서 또 다른 백색테러에 시달리는 하세월아!
나도 누군가의 비밀이고 싶다.
그 손에 기쁘게 덜렁이는 한순간의 희망,
목젖 뭉클한 수제비라도 되고 싶다.

오늘의 뉴스

어째,
퍼붓는다는 빗줄기 대신
참새 한 마리,
창밖이 소란스러워 무거운 아침.
사선斜線으로 올려볼 수밖에 없는 하늘
오늘의 심기心氣를 살피는데
툭,
얼마나 긴 세월을 견뎠는지 먼지 알갱이 하나
우박인 듯 이마에 떨어진다. 문득 걸레 같은 방
천청에서 흠칫 살 밑, 공포를 일깨운다.
머리맡, 발밑, 책상 아래 흩어졌던 잡다한
책들 가지런히 그 두께와 무게에 맞춰
정리하며 뉴스를 듣는다.
–24살 아들 물에 빠져 허우적대자,
두 살 위 형 급하게 급류에 뛰어들고,
두 아들을 위해 본능적으로 뛰어든 어머니까지,
참 비극입니다–2007년 8월 1일 삼척에서.
짹, 짹 참새는 어느새 한 떼로 늘어 시끄러운데
나는 반성할 그 무엇이 없다.
초월적으로 비루했고,

내재적으로 빈곤했으나
수입이 없으니 입맛만 살아난다.
한 일 년쯤, 아니 영원히 썩은 책 끓여먹고, 지져먹고,
구워먹고, 튀겨먹고, 귀찮으면 날로 씹어 먹으며
살아남아야 하리라. 어처구니없는,
하, 너무 간단해서 어처구니없는 희생.
그 단단한 벽의 질감을 느끼기 위해
아침, 점심, 저녁,
쉼 없이 비극적 뉴스를 되뇌인다.

환幻
–개강 날 아침에

바람을 타고
사선斜線으로 유리창을 그어대는
여린 빗줄기.
늦여름의 월요일 아침,
흐린 조각 거울 앞에서
쥐색 넥타이를 단단히 조이다
오, 사선死線에 매달린
마흔 몇, 바람 든 영혼을 생각한다.
슬픔은 생각에만 깃들고 좀체
몸 구석구석 배어들지 않는다.
슬픔의 밥을 먹고,
슬픔의 독한 술을 마시고,
슬픔의 책 서걱대는 갈피를 넘기고,
슬픔의 노래 뼈 마디마디를 분질러도
생각 속에 맴도는 슬픔은 불붙지 않는다.
오, 벙어리의 아침이여!
거세어지는 바람을 타고
방향을 놓친 빗줄기는 서서히 미쳐간다.
그만 죄었던 넥타이를 느슨하게 풀며
숭숭 바람 든 영혼을 서늘한

아침으로 풀어놓는다.
미치도록 미치고 싶은
늦여름의 아침
한때.

사랑

–무서운 깊이 없이 아름다운 표면은 존재하지 않는다.(프리드리히 니체)

무심코
창가에 놓아둔 유리잔
단일했던 방이
수십 겹의 비늘로
서로를 쏘고 있다.

무심히
당겼던 문 경첩이 삐걱
죄 없이 걸려버렸을 때
난
고비의 낙오자처럼
바람 속에 널 죽이고 싶었다.
강철의 모래에 매장하고
스스로 순장당하고 싶었다.

무작정
침입이 허락된 계곡으로 너는
나비처럼 사뿐 한 걸음뿐이었을지라도
직선을 모르는 나비처럼
되돌아갈 수 없으리니

죽여 버려라.
기다림이 너의 흰 목을 다 죄이기 전에

오,
오,
생각이 많은 밤엔 헛된
죽음도 많지만, 헛되고 헛되어라.
무른 생각 밖에서 한 겹

불순한 못질

자다 깨어
상처에 덧댄 비단결인 듯
부드럽게 파고드는 한 말씀에 베어
홀린 신열의 달콤한 잠에서 깨어
시선에 붙잡힌 앞 벽
운명처럼 얽혀 퍼져나간
아라베스크 벽지에 손가락 못을 친다.
유령처럼
이 끝과 저 끝, 아니
이 시작과 저 시작, 아니
이 끝이고 시작이며 시작이고 끝이며
아니, 엇갈린 방향으로만 맴도는
톱니바퀴, 그 억센 이빨마다
텅, 텅 못을 박는다.
받아라,
받아라,
불순해야 오래 금가고 아무도 베지 않는다.
불순해야 오래 묵어도 독毒이 되지 않는다.
불순해야 오래 짓물고 흔적을 남기지 않는다.
불순해야 간단히, 간단히 잊는다.

자다 깨어
초저녁 싸락눈이 바꿔놓은 세상,
얼굴 반쪽의 창틈으로 꿈꾸다
기어이 기억의 파도에 못을 친다.
검푸른 물마루마다
텅, 텅,
늙어버린 빈손을 덧대고
억센 말씀의 못을 박는다.
아프다,
아프다,

더, 어디로 끌려갈 것인가?

나는 너다

– '나'는 너로 인하여 '나'가 된다.
'나'가 되면서 '나'는 '너'라고 말한다.(마르틴 부버)

사방 벽에 넘실대는 그림자에게 묻는다.
너는 누구냐!
그, 어처구니없는 미소 뒤 벽 틈마다
가늘게 찢어지며 새어나는 음성.
나는 바람이요, 무시로 네가 삼켰던
달궈진 모래, 쓸개에 절은 눈물 한 방울,
목젖을 타고 흐르는 그만큼의 회한이려니
다시 눈을 들어 구름 너머 하늘을 보라.
시각은 새벽인데, 창밖
순환뿐인 제 시간을 묵묵히 버텨 낸 가을
감나무 잔가지들만 어둡다.
어둡다,
돌 벽을 쓰다듬어 계단 끝에 도달한 아침,
아침이여!
나는 하루를 살기 위해
몇 번을 죽었는가,
죽였는가!
사방 벽에 넘실대는 그림자에게 다시 묻는다.
너는 누구냐!
나는 그저 길바닥 버려진 돌에 맺힌 이슬,

알 수 없는,
아무도 읽으려 하지 않는 작고 예리한 문양紋樣,
나는 너다.

몸살, 약에 취하다

그제는 슬펐고
어제는 술 펐고
오늘은 술기운, 슬픔에 겨워
햇살 끝에 하롱대는 먼지 알갱이처럼 가벼워진
맘과 몸과 주머니 속 불안을 되살리며
오오, 텁텁한 바이브레이션으로 불러본다.
– 내게 어머니가 있었다면,
그녀는 언 땅 깊숙이 제 머리채를 묻었으리.
나는 빚어지면서 잘못된 우주,
폭발하거나
응결하거나
끝은 매 한가지, 차거워진다는 것.
아무도 더러운 운명에 제 흰 손을 얹지 않으리라.
몸을 버리는 술기운,
창끝으로 말려 올라간 햇살이 아쉬워 다시
죄어드는 목청으로 애써 불러본다.
– 내게 애인이 있었다면
그녀는 동전 몇 닢을 모으고 모아
어리숙한 눈빛으로 국어사전을 선물하리라.
찬연히 빛나는 칼이거나

진한 검정의 피스톨을,
나는 다져질수록 잘못된 우주,
발사되거나
지연되거나
가까워질 수 없다는 끝은 매 한 가지.

말뿐인 사랑이 돈뿐인 순간을 초월하지 못하는
세밑,
세금 한 푼 못낸 세월의 그늘에서
배가 고프다.
따뜻한 해장국이 끓는 천국을
그늘 아래 줄 서지 말고 갈 수만 있다면,
나는 내 온 영혼을 팔리라.
-제길, 나의 메피스토펠릭스는 어디서 자빠져 있나?

인생찬가

봄비 갠 오전,
아홉 시에서 열한 시 사이,
밤새 담가뒀던 빨래를 헹구고
모처럼 헌 냄비를 닦아 벽에 걸면
몸은,
죽기 딱 좋은 컨디션이 된다.
멍 푸른 서녘 하늘이나 실컷 올려보다
뒷목이 준엄하게 낮은 자세를 명령할 때
한 시절 내내 병病 자리에 누웠다는 시집이거나
DNA 강물에 ATP의 춤, 뭇 생명의 무도회나 엿보다가
꺼이꺼이 다가설수록 짙어지는 상한 라일락
향기에 취해 마음은,
은은하게 죽기 딱 좋은 컨디션이 된다.
비 갠 봄날. 이토록 그윽한
햇살이,
바람이,
비가,
흙먼지가 먼저 죽음을 청請하나?
적의敵意 없는 무지개를 향해
몸의 깃대를 돌려 세우며

기억의 마취가 풀리는 생살의 뜨거움 건너
가만히 어두운 별을 헨다.
참, 죽기 좋은 오늘,
너를, 기꺼이 그 모두를 초대한다.

사랑

늦은 밤, 정거장을 향한 방향을
또 바꾸고
빙 돌아 다시 쓰레기 더미 앞.
그래도, '가라' 찬바람은 쉬지 않고
쉼을 모르는 심장은
얼어붙은 고갯길, 숨 턱이 차는데

늘어나는 건 모가지,
불빛 따라 덜렁대는 얄팍하고
간사한 모가지뿐.
자를 수도, 지울 수도, 덧칠해버릴 수도
없었던 저 기다란 모가지를
꺼질까, 채일까, 접질릴까 가만,
가만히
그대 발밑에 늘여 빼고

아, 손아귀에는 차디찬 칼 한 자루.
아니, 어깨를 기울게 했던
시집 한 권.
아니, 잘못 끌려온 낡은 배

한 척,
닻도 돛도 이미 잃어버린
이십여 년 막막한 항해의 서러운 부표를
움켜쥐고,
눈알이 빠지도록 어떤 초상肖像 하나
게우고 삼키며, 되삼키며……

정거장을 향해 다 늦은 밤,
다시 방향을 바꾸고
서성이던 그림자를 말아 툭,
쓰레기 위에 얹는다.
누가, 제발,
이 질긴 모가지를 제발 떼어갔으면……

이토록 아름다운 봄날에

텅 빈 건널목,
짧은 흙바람이나 피하려다
간간이 오는 마을버스를 놓치고
바퀴에 뭉개진 철쭉 꽃잎들
덜 터진 혈관이나 찾아 다시 짓밟는
눈 큰 벙어리 개만도 못한 고등백수의
봄날 오후,
언덕 아래 유난히 반짝이는 붉은 라면봉지가 머나 먼
장정長征의 수기手旗처럼 마구 흔들리고
길가 잡초들 백만 대군으로 일어서
회벽 아파트 사이 함성에 깔린 대초원을 여는데
– 너도 잡초지,
진짜 잡초지, 밟으면 납작 찌그러져 단 번에 죽는
다시 밟힐까 몸서리치며 찌그러져 죽은 체,
체, 포즈로 죽어버린 진짜 잡초.
이미 떨어진 꽃잎이나 뭉개는 바지 끝단을
누군가 자꾸 끌어당긴다. 가자,
흙바람 뒤나 쫓으면 낮빛도 흙빛, 세계의 가장
슬픈 사람으로 표정 지울 수도 있으니, 그만 가자,
헌 운동화 끈을 사정없이 잡아당긴다.

−누가 아직도 내게 길을 청하나,
물끄러미 내린 시선에 눈 큰 벙어리 개님 한 분.
소리를 버리고 성글성글한 눈매를 선택한 님께서
지혜와 자애 가득 찬 눈빛으로 올려다본다.
차마, 이 모가지 덜컹 떨어져 그대와 눈 맞출 수만 있다면
다시는, 정녕 다시는
되돌아오는 봄날에 '개 같다' 울지 않으리라.
끝끝내 짖지도 않으리라.

부정적 발견

얼마나,
여긴 어디쯤,
막막함 한가운데를 빗겨
도렷해지는 빛 알
하나.
그대는 우는가,
웃는가 앞모습인가,
뒷꼭지인가.
소리는 자꾸 변경變境으로 흐르고
오오, 멀다.
구골(10의 100제곱),
구골플렉스(10의 10의 100제곱),
무한히,
그러나 언젠가는 가 닿아야 할,
반드시 입 맞추고 말아야 할.
내 어두운 사랑.
–사랑이라는 발음 사이로 새는 의미 알갱이들.

작은 방,
침묵 속에서

이 캄캄한 시간에 미끄러져
모두의 안타까운 별 몇 개
또 죽는다. 어울려 저희들끼리
활활 죽는다.
어두워지는 내 사랑의 바깥.
후회 없이 죽는 저 별들의 바깥
나는 더 캄캄해진다.

마지막 사랑

아무것도 아니다.
지금 내게로 온 치욕은,
어떤 병신이 치욕은 별처럼 빛난다고 썼다.
아니, 난 그 별처럼, 먹다버린 밥 한 덩이처럼
식었다고 쓰라고 했다. 그런 날 비시적이라며,
병신들이 웃었다. 아무것도 아니다,
네 미소 뒤엔 언제나 캄캄한 절벽, 국화 한 송이,
이른 새벽안개가, 어쩌고 하기 전에 깊은 물소리로 나를
잠겨 버리는 너를 생각하면 언제나 계곡,
비틀어지고 헝클어지고 더 망가져도 넌 아니라며
내 욕망의 삼라만상을 그대로 비추는 환한 미소,
내 부처님, 뜨겁게 껴안았던 병상의 예수님, 그리고 머리로
만
사랑하는 알라님, 오오, 모든 당신– 내 시며, 그 흔한
눈물이며, 격렬한 유물론자인 내 영혼.
조국을 사랑한 아버지 덕에 난 사랑할 나라가 없다.
생활만 사랑한 어머니 탓에 난 염려할 생활이 없다.
–아무것도 아니다.
자정이 다 되도록 불 밝힌 독서실을 슬픈 도둑놈처럼 먼저
빠져나오며, 난 생각했다. 내일 여동생 도시락 반찬과 그 녀석,

전교 2등이나 하는 학습 진도를. 내일은 상한 라일락,
죄다 목 부러진 아카시아처럼 누구는 바람처럼 밟고 갔다.
그 흔적 아래, 겨우 겨우 몇 개 문양이나 읽으며
난 비 오는 새벽마다 스스로 버림받는 사내가 되고,
자라나고 죽고,
자라나고 죽고,
그리하여 죽고 싶어 몸 밖으로 자라는 마음.
이제, 제발,
헐거운 날 벗어버리고 싶다.

치명적 풍경

막 비가 시작된 초여름 오후,
힘겹게 고개를 오르는 낡은
마을버스 안.
이리저리
열 받는 공기분자들이 몰릴 때마다
십여 명 승객들 여린 정신이,
차츰 위태로워진다.
눈빛은 사나워지고,
자세는 위협적으로 흐트러진다.
구식 에어컨과 활짝 열어 젖혀도
그뿐인 창문.
달아오른
공기분자들이 몇 차례 얼굴을 때릴 때,
흘려보낸 세월의 역순으로 정신은 폭발한다.
씨-발,
돈만 있으면,
이런 나라 꼴이 쯧쯧,
무심히 내다보는 창밖에 재빨리 끼어드는
매끈한 승용차 뒤 유리에 내걸린
커다란 한 말씀.

– 다 니 탓이요.
씁쓸히 어두워지는 오후.
그래도 덜컹이는 더러운 창밖에는
한 주먹 튀밥처럼 부푸는 아카시 꽃잎들.
새벽 술이 덜 깬,
헛된 열망 채 삭이지 못한
– 다 내 탓이다.
낡은 마을버스여!
가여운 공기분자들이여!

기도하는 저녁

속에서만 울던 발톱 하나를 분질러
해거름 막걸리 안주로 요리조리 빨고
차거운 별빛 아래 지팡이 삼아
열 배는 늘어져버린 그림자를 끌고
돌아간다. －홱, 돌아버리고 싶은데
눈에 띄는 건 노란 코스모스 몇,
몇 대가리,
도끼로 쪼개기엔 너무 너무 예쁘고,
숨결로 말려버리기엔 너무 무거운
어쩐다, 너를
어쩐다, 너를
어쩐다, 너를 어쩌지 못하는 이 값싼 목숨을…
제길, 개폼 잡다
병원 뒷산에서 엎어졌다.
여긴 어디,
상 제길, 기독병원이다.
－주여, 다신 죄 지으며 툴툴대지 않을게요.
제발…
다 까진 발톱이 헌 운동화를 거부한다.
하는 수 없다. 지금부터는 맨발일 수밖에

막걸리 권하는 놈은 죽여 버려야지.

절명

강가,
휘어진 그늘에
부엉이가 울었다.
눈이 밝아, 외려
낮게만 날아야 했던
슬픔의 뼛조각들 부러진다.
강물 위 꽃 배 몇 척 띄우고
사람의 길은 안전하게
오늘도 불을 밝힌다.
잠시,
서러운 목을 휘감으며
미네르바의 새는 죽는다.
그 아무의 발밑.
눈이 어두워 그린
내 슬픔의
궤적을 따라
아로새기며,
지우며.